Me Llamo Sugar

escrito por Stacy Snyder • ilustrado por Anne Johnson

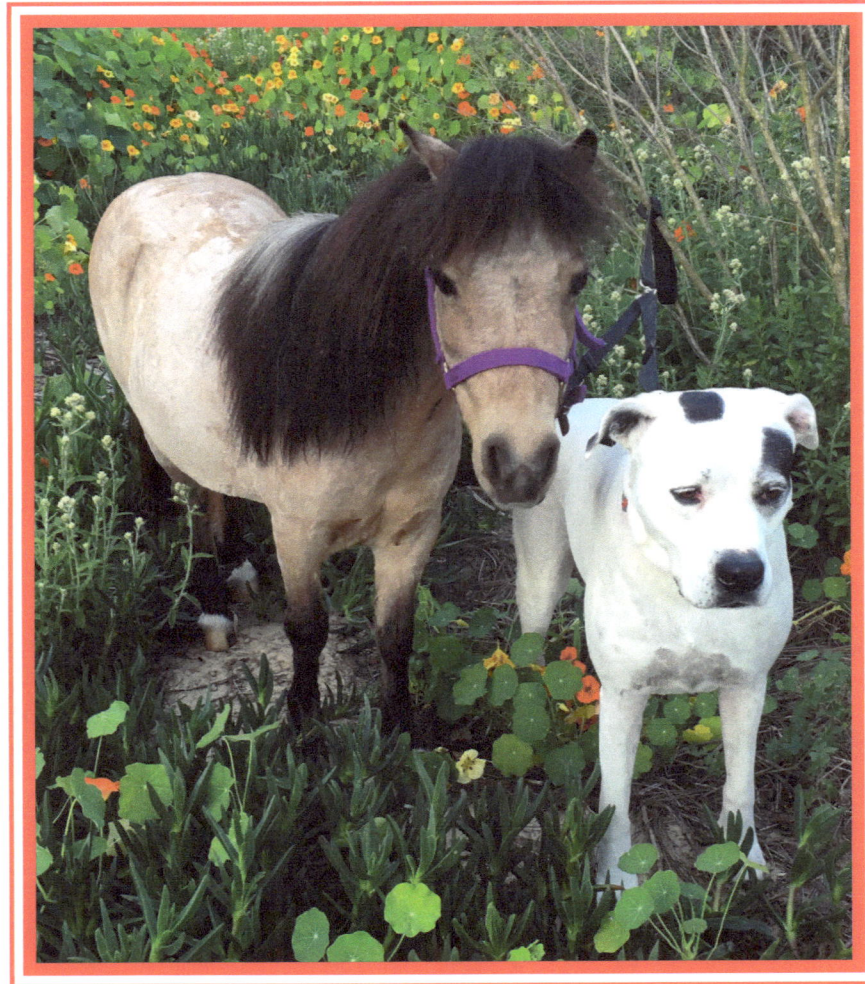

Este libro está basado en la historia real
de dos animales rescatados que se encontraron
y se convirtieron en los mejores amigos.

Hoy he nacido. Soy un caballo miniatura.
Mis padres me llamaron Sugar.
Tengo una nariz en forma de corazón.
Y soy la niña de sus ojos.

Mi mamá y mi papá son caballos de exhibición famosos
y un día se los llevaron para actuar.

Entretienen a los niños con bailes y brincos.

Empecé a llorar mientras se alejaban en el remolque de caballos.

A mí me dejaron atrás porque era demasiado pequeña y no sabía bailar.
Nací con una pata torcida.

Mi mamá dijo: —No te preocupes, Sugar, recuerda que
la luz de la luna siempre brillará sobre ti y nos volverá a reunir.

Me dejaron sola con un granjero que me hacía trabajar muy duro, tirando de un carro lleno de leña pesada que vendía a sus vecinos.

Todos los días trabajaba sin parar cargando leña y,
a medida que me volvía más fuerte,
también se fortalecía mi pata.
Estaba sola en aquel potrero y mis únicos amigos
eran la luna y las estrellas.

Una estrella era más brillante que las demás. La llamé Sparkle.
Sparkle me cuidaba por la noche cuando
no había luz de la Luna.
Sparkle no quería que yo le tuviera miedo a la oscuridad.

Todas las noches le decía:
—Mi bella estrellita, tú que eres tan brillante,
mantenme a salvo esta noche cambiante.

Y entonces Sparkle me guiñaba un ojo y contestaba: —Buenas noches, Sugar.

Un día soleado, vi a una señora con un sombrero rojo caminando por mi potrero con una perrita muy alegre. La perrita se emocionó muchísimo al verme. Meneaba la cola de un lado a otro y echó a correr hacia mí.

—¡Charger, vuelve! —gritó la señora.

Me entró miedo, pero la señora me dijo:
—¡No tengas miedo, solo queremos ser tus amigas!

Pero así de rápido como habían llegado, la Señora del Sombrero Rojo y su feliz perrita se habían ido.

Aquella noche, Sugar miró a la Luna y a Sparkle y preguntó:
—¿Pueden ayudarme a encontrar a mis amigas?

— Luna maravillosa, ¿qué puedo hacer?
con todo mi corazón en ti confiaré…

Sparkle, Sparkle, ven a jugar,
muéstrame el camino, tu luz haz brillar.

Al día siguiente, la reja del potrero de Sugar quedó abierta.

Esa era su oportunidad de escapar y encontrar a la Señora del Sombrero Rojo ¡y a la perrita llamada Charger!

Corrió hacia el bosque, sin saber qué camino tomar. Corrió y corrió y corrió... y pronto se sintió muy cansada y hambrienta.
Sugar encontró un claro tranquilo entre los árboles para tumbarse, comer un poquito de hierba y descansar un poco.

¡Croac!

Sugar se despertó de repente
por un ruido de lo más inusual.

CROAC

CROAC

¡Era una
RANA DE ÁRBOL!

—¿Y tú quién eres? —preguntó Sugar.

—¡Me llamo Sticker!
—croó la rana.

—Encantada de conocerte, Sticker.
Yo me llamo Sugar y estoy buscando
a mis nuevas amigas.
¿Me puedes ayudar? —preguntó Sugar.

—¡Qué bien, me encantaría ayudarte!
—respondió Sticker—.

Solo debes esperar hasta que se ponga el sol
y la luna creciente se eleve en el cielo nocturno.
Y, entonces, bajo la luna encontrarás lo que estás buscando.

Sugar se quedó en el bosque con Sticker y todas las noches
observaban y esperaban a que la luna se elevara en el cielo nocturno.
Cada noche la luna cambiaba de tamaño.
Tras varios días esperando pacientemente, apareció la luna creciente: era preciosa.
Un mar de estrellas brillantes iluminaba el cielo,
Sparkle estaba en el medio.

Sugar sabía que era hora de dejar a Sticker,
así que salió en plena noche a buscar a sus nuevas amigas y su nuevo hogar.

Cuando la luna se puso
y el sol salió,

Sugar vio que había llegado
a un hermoso jardín.

18

Levantó la vista y no podía creer lo que estaba viendo.
Ahí estaban la Señora del Sombrero Rojo y la perrita llamada Charger.

La señora se acercó a Sugar y le dijo:
—No tengas miedo, te estábamos esperando
y queremos que seas nuestra amiga.

Las dos saltaron de alegría.

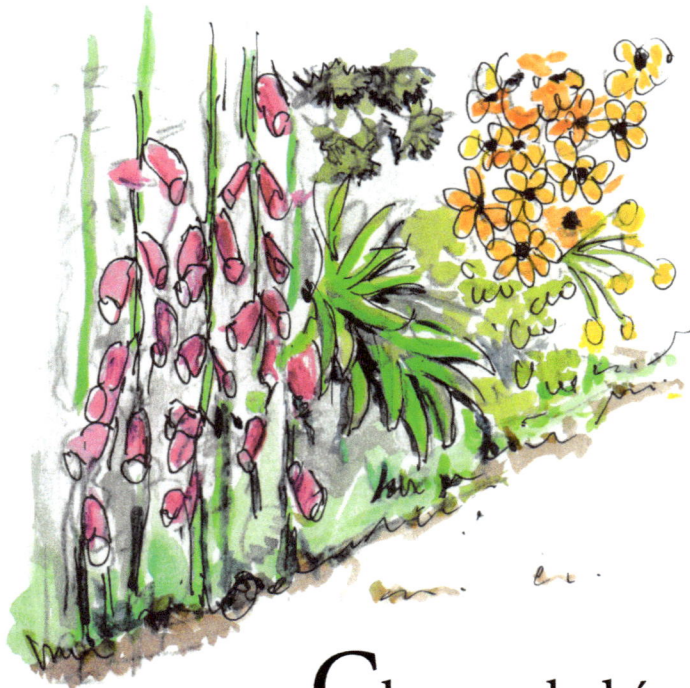

Charger había encontrado a la amiga
que había estado esperando...

...y Sugar había encontrado a la amiga
que siempre había estado buscando.

"Sonrisa... sonrisa."

"Guiño... guiño."

Aquella noche,
Sugar y Charger miraron al cielo;
la luna estaba llena y brillante.

Charger ladró,
Sugar relinchó,
Sparkle guiñó un ojo
y la Luna sonrió.

Todos estaban contentísimos de estar juntos por fin.

Sigue las aventuras de Sugar y Charger en su próximo libro:

La Cabaña de Sugar.

Ahora vuelve a las páginas de atrás y ve si puedes encontrar
a estas simpáticas criaturitas.

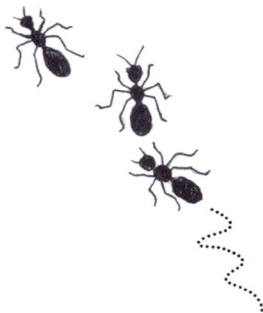

STACY SNYDER se graduó en Educación Especial por la Universidad de Arizona. Vive en San Diego, California, con su esposo John. Es madre de dos hijas y abuela de cuatro hermosos nietos. Su experiencia en educación y su amor por la naturaleza fueron la inspiración para este libro, tras quedar cautivada por la extraordinaria relación que entablaron una perrita y una yegua miniatura, ambas rescatadas. El amor incondicional que se tienen es un ejemplo reconfortante de bondad.

ANNE JOHNSON lleva pintando e ilustrando toda la vida y obtuvo su maestría en Ilustración Médica en el Medical College of Georgia. Siente un gran amor por los animales y la naturaleza, y le apasionan los libros infantiles desde que era una niña. Nacida y criada en Minnesota, actualmente vive en Bélgica y es la orgullosa madre de tres adorables adolescentes, un perro, un conejo, dos gatos y dos caballos. *Me llamo Sugar* es su primer libro infantil.

SUGAR es una yegua miniatura de raza Buckskin que fue rescatada. Estaba en muy mal estado cuando la adoptaron. Era asustadiza y muy nerviosa. Con paciencia y tras pasar mucho tiempo con ella, se ha convertido en un caballo cariñoso y feliz gracias a su amiga Charger. Edad desconocida.

CHARGER fue adoptada cuando era una cachorrita y ahora es un perra grande y fuerte de carácter muy afable. A Charger le encanta pasear con su mejor amiga Sugar con una correa doble. También insiste en llevar gafas de sol. Charger tiene 9 años.

Este libro está dedicado
a los hermosos hijos, nietos, primos y sobrinos
que han desempeñado un papel importante en su desarrollo.

Este libro no hubiera sido posible
sin el apoyo de esta familia tan unida
y el vínculo especial entre la autora y la ilustradora.

Queremos agradecer especialmente a los maravillosos bibliotecarios
de la biblioteca Rancho Santa Fe por su inestimable tiempo,
sus aportaciones tan meticulosas y su inagotable apoyo.

Un sincero agradecimiento
a Suria' Scheherazade y Olivia Ramos
por su incansable trabajo traduciendo
estos originales libros al español.

Muchas Gracias !

www.ingramcontent.com/pod-product-compliance
Lightning Source LLC
Chambersburg PA
CBHW040406100426
42811CB00017B/1850